Artiste peintre et illustratrice, **Claudie OGIER** est imprégnée de la culture antillaise. Elle puise son inspiration dans la chaleur humaine et la générosité de la vie...
À travers ses nombreux voyages autour du monde, c'est la valeur humaine qu'elle recherche.
Ses toiles dépeignent un monde de joie et de couleurs. Ses histoires pour enfants vibrent de sourires, de fraîcheur, de bonheur et d'amour qui nous conduisent vers un monde meilleur.

Claudie OGIER
e-mail : claudie.ogier@sfr.fr
Sites : http//perso.orange.fr/claudie.ogier/
www.claudieogier.com

Route de Mathurin — 97190 Le Gosier — Guadeloupe
e-mail : plbeditions@wanadoo.fr
www.plbeditions.com

Loi 49956 sur les publications destinées à la jeunesse
Dépôt légal : mars 2012
ISBN 978-2-35365-056-9
Imprimé en France par Jean-Lamour.

Claudie OGIER

CHOUBOULOUTE fait la cuisine

Histoire et texte
de Claudie OGIER

PLB
EDITIONS

C'est la semaine du carnaval. Choubouloute a décidé de découvrir les saveurs de la cuisine créole.

- Pour réussir la cuisine, explique la maman de Choubouloute, il faut être patiente et attentive à ce que tu fais.

- Et d'être un brin gourmande aussi! rajoute Choubouloute

- Avant de commencer, lis entièrement la recette afin de bien la comprendre. Regarde attentivement la liste des ingrédients et des ustensiles dont tu as besoin.
Respecte bien les quantités indiquées.
Lave-toi les mains et mets un tablier.
Nettoie la table et dépose tous les ingrédients et le matériel devant toi.
Demande toujours à un adulte de t'aider quand tu dois utiliser le four, la friteuse ou un appareil électrique.

As-tu déjà fait un gâteau?

Sais-tu casser un œuf en séparant le blanc du jaune?

LAIT
Sucre en poudre
HUILE
lait
Farine

Aujourd'hui lundi, Choubouloute et Tiboudoum font des crêpes.
Pour faire valser les crêpes, Choubouloute est la première! mais malheureusement, elles n'atterrissent pas toujours dans la poêle!
Les enfants rient beaucoup en s'exerçant à cet art délicat.
Fotsy regarde avec attention les crêpes voltiger au-dessus de sa tête ; il espère pouvoir manger celles qui tombent par terre.
Quand la pile de crêpes est prête, chacun choisit sa confiture, crème de marron ou pâte de chocolat à tartiner.
Choubouloute aime bien le petit goût de fleur d'oranger qu'elle a mis dans la pâte.

Sais-tu faire sauter une crêpe?

Que mettras-tu dans ta crêpe?

Nous sommes mardi et Choubouloute a invité ses amis à déguster les beignets de carnaval.

Ils se régalent tous et elle est très fière de sa réussite.
Ce n'est pas si facile de confectionner la pâte à beignets!
Et il faut beaucoup de patience pour faire frire les petites boules de pâte!*

- Heureusement que Maman m'a aidée!

- Tu m'apprendras à faire tes délicieux beignets Choubouloute? demande Vanessa.

Sais-tu faire des beignets de carnaval?

Quelle recette aimerais-tu savoir faire?

*présence obligatoire d'un adulte

ORANGE

Le mercredi, Choubouloute et Tiboudoum sentent de bonnes odeurs qui s'échappent de la cuisine. Un ragoût de cabri mijote doucement sur le feu.

- Je prépare un gratin de bananes jaunes, dit la maman de Choubouloute. J'ai fait cuire les bananes avec leur peau pendant 20 minutes. Tiboudoum, enlève la peau des bananes et toi Choubouloute, coupe-les en lamelles, puis nous ferons une bonne béchamel.

- Ensuite, dit Choubouloute, on s'occupera de les mettre dans le plat à gratin, une couche de bananes pour moi, une couche de béchamel pour Tiboudoum et ainsi de suite.

- N'oubliez pas de recouvrir le tout de gruyère râpé! Je mettrai le plat au four pendant 10 minutes, dit Maman.

Quelle est la différence entre une banane légume et une banane dessert?

Cite 2 noms de bananes légumes

Cite 2 noms de bananes dessert

LAIT
LAIT
SIROP

C'est jeudi. La spécialité de Tante Léontine, c'est la confiture.

Choubouloute et Tiboudoum ont cueilli des goyaves dans le jardin.

- Vous coupez les goyaves en deux et nous allons les faire bouillir 5 minutes avec un verre d'eau, explique-t-elle aux enfants.

Ajoutez 300 g de sucre et un bâton de vanille. À la fin de la cuisson, nous passerons la confiture au tamis pour enlever les pépins. Et nous pourrons la savourer au goûter.

- Huuuuuuummmm, s'écrient en chœur les enfants dont les papilles salivent déjà.

Quelle est la différence entre la confiture et la gelée?

Quelle est ta confiture préférée?

Connais-tu la pâte de Goyaves?

Ce vendredi, Choubouloute aimerait bien faire « les tourments d'amour » comme ceux qu'elle a ramenés des Saintes pour sa maîtresse.
« Les tourments d'amour » sont des petits gâteaux ronds et mous, fourrés à la noix de coco ou à la confiture.
C'est la spécialité des Saintes, un petit archipel au large de la Guadeloupe.
Les Saintoises accueillent les visiteurs à l'arrivée des bateaux avec leurs paniers remplis de gâteaux.
Elles racontent que c'était un gâteau fait par leurs arrières grands-mères pour accueillir leurs hommes qui partaient tôt le matin pêcher à l'aviron et qui rentraient tard le soir.
La recette des tourments d'amour se transmet de mère en fille, de génération en génération et reste secrète pour les autres.

Es-tu déjà allé(e) aux Saintes?

Connais-tu les tourments d'amour?

Samedi, Choubouloute et Tiboudoum sont invités à la première communion de leur cousine Loana.

Tiboudoum pense que le chodo se fabrique avec du chocolat, mais Choubouloute est sûre que non.

- L'origine du « chodo » vient de la Guadeloupe, lui explique la marraine de Loana. On le boit pour accompagner le gâteau, à l'occasion des baptêmes ou quand on fête sa première communion.
Par contre, en Martinique, c'est du chocolat.

- J'ai de la chance, dit Choubouloute, ma maman me prépare souvent du chodo!

As-tu déjà goûté du chodo?

RHUM
Sirop de cannes

Et voilà dimanche ! Les grands-parents de Choubouloute sont venus déjeuner en famille. Ils sont curieux de découvrir les bons petits plats que Choubouloute et Tiboudoum ont appris à cuisiner.

Une salade d'avocats en entrée, un court-bouillon de vivaneau accompagné de riz,d'ignames et un blanc-manger coco en dessert.

Tout le monde applaudit.
C'est une belle fin de semaine culinaire!

- Merci, merci, merci à tous! disent les enfants ravis.
- Moi, je sais quel est l'ingrédient le plus important pour réussir un plat, dit la grand-mère de Choubouloute :
Vous y avez mis tout votre cœur!